LE GHANA (7E-12E SIÈCLES)

PREMIER EMPIRE MÉDIÉVAL OUEST-AFRICAIN

AMADOU BA

LE GHANA (7E-12E SIÈCLES)
PREMIER EMPIRE MÉDIÉVAL OUEST-AFRICAIN

Amadou Ba

DU MÊME AUTEUR

- Le Monomotapa (1450-1902). Un géant empire en Afrique australe, Éditions AB, Sturgeon Falls (ON Canada) 2021.

- *Le Bénin (10ᵉ-19ᵉ siècles). Un puissant et prestigieux empire en Afrique de l'Ouest (Politique, économie, architecture et relations internationales)*, Éditions AB, Sturgeon Falls (ON Canada) 2021.

- *Empire du Mali (13ᵉ - 15ᵉ siècles): Symbole de la force politique d'une Afrique unie*, Éditions AB, Sturgeon Falls (ON Canada) 2021.

- *Le Kongo (1350-1880) : Plus qu'un royaume, un très vaste empire au cœur de l'Afrique centrale*, Éditions AB, Sturgeon Falls (ON Canada) 2021.

- *L'Empire du Songhay (1464-1591). Diversité et tolérance ethnique en Afrique de l'Ouest médiévale*, Éditions AB, Sturgeon Falls (ON Canada) 2021.

- *L'Afrique des Grands Empires (7ᵉ-17ᵉ siècles). 1000 ans de prospérité économique, d'unité politique, de cohésion sociale et de rayonnement culturel*, Éditions AB, Sturgeon Falls (ON Canada) 2020.

- *L'Histoire oubliée de la contribution des esclaves et soldats noirs à l'édification du Canada* (1604-1945) publié chez Editions-Afrikana, Montréal, (Qc) 2019, republié chez Editions AB Sturgeon Falls (ON) Canada 2021.

- *Quelles valeurs transmettre aux jeunes du XXIe siècle*, Editions pour Tous, Montréal Qc 2016.

- *Les "Sénégalais" à Madagascar, militaires ouest-africains dans la conquête et la colonisation de la Grande-Île (1895-1960)*, Harmattan Études africaines, Paris, 2012.

DÉDICACES

À mes enfants et à tous ceux qui m'ont soutenu et accompagné dans ce projet.

Je dédie également ce livre à la jeunesse panafricaniste consciente.

À tous ceux et celles qui veulent mieux connaître ce que fut l'Afrique précoloniale, à travers ses grands empires médiévaux.

À tous les peuples de l'Afrique occidentale (soninké, mandingues, peuls, sérères, Diolas, Dogons, etc.) dont les ancêtres ont contribué à bâtir ce premier État politique médiéval en plein cœur de l'Afrique de la savane et du sahel.

À tous ceux et toutes celles qui luttent pour l'Afrique des LIBERTÉS, une Afrique débarrassée du néocolonialisme, de la Françafrique, des dictatures et de toutes les formes de dominations intérieures et extérieures.

À tous ceux et celles qui rêvent de voir un jour l'Afrique devenir un État fédéral aussi puissant sinon plus que les grandes puissances du monde actuel.

REMERCIEMENTS

Mes très authentiques remerciements à tous ceux et celles qui m'ont soutenu dans mes recherches, Vous avez consacré une partie de votre précieux temps à la relecture de mon manuscrit sur l'Afrique des Grands Empires d'où est tiré ce livre. Vos corrections, suggestions, remarques, critiques et soutiens techniques m'ont été très utiles. Je veux particulièrement nommer: Sovi Lambert, Kristina Bernier et Dr Amélie Hien.

Je n'oublie pas d'associer à mes remerciements les personnes suivantes : Junseo Lee pour son aide déterminante à la conception de la couverture et du site Web et surtout Anne Louise Heubi pour son « coaching », sa disponibilité et le design de qualité.

CITATIONS

- « Tant que les lions n'auront pas leurs propres historiens, les histoires de chasse continueront à glorifier le chasseur ». (Proverbe africain).
- « Ne lâche pas le poisson que tu tiens dans la main pour celui que tu as sous le pied ». (Proverbe soninké)
- « Si les Africains ne racontent pas l'Afrique, elle disparaîtra ». (Ousmane Sembène, un écrivain, réalisateur, acteur et scénariste sénégalais)
- « La négation de l'histoire et des réalisations intellectuelles des peuples africains noirs est le meurtre culturel, mental, qui a déjà précédé et préparé le génocide ici et là dans le monde ». (Cheikh Anta Diop, historien, anthropologue, et homme politique sénégalais).
- « Si tu abandonnes ta spiritualité pour adopter celle de ton agresseur, tu deviens son esclave à jamais ». (Dicton asiatique).
- « Notre seule faiblesse c'est d'ignorer notre force ».

(Felwin Sarr, professeur d'université, économiste, philosophe et panafricaniste) extrait de "Traces et discours aux Nations africaines", discours prononcé à l'occasion de l'ouverture du Musée des Civilisations noires le 6 décembre 2018 à Dakar au Sénégal.

- « Les grands empires médiévaux africains nous enseignent que ce qui nous unit est de loin plus fort, plus beau et plus vrai que ce qui nous désunit ». (Amadou Ba, historien, chercheur et écrivain).
- « Lorsque l'on parla de l'amitié, l'hyène déclara : « l'Amitié d'un jour, ce n'est guère difficile, même moi je peux la pratiquer ». Mais l'amitié n'est pas affaire d'un jour. Jadis l'Amitié survivait aux amis mais de nos jours, c'est l'amitié qui meurt en laissant vivre les amis.

PLAN

INTRODUCTION
    La question des sources
    Les sources arabes
    Les sources orales ouest-africaines sur le Ghana
    Les sources archéologiques sur l'empire du Ghana
    Les débuts de l'empire du Ghana
    Les Soninkés, ces Africains qui ont donné le ton
    Ghana, un empire très prospère
    Ghana, le pays de l'or
    Le Ghana, acteur clé du commerce transsaharien
    Le Ghana, une force militaire
    Organisation politique et sociale de l'empire du Ghana
    Une monnaie commune dans le vaste empire du Ghana: les cauris
    Le déclin du Ghana
    Conclusion
    Sources

INTRODUCTION

C'est grâce aux fouilles d'archéologie contemporaines[1], aux textes de voyageurs arabes pendant l'époque médiévale et surtout à la tradition orale ancestrale africaine, transmise de génération en génération depuis des siècles[2], que l'on connaît le premier des grands empires du Moyen Âge africain, le Wagadu[3] (ou Ouagadou) tel que le désignait ses populations, mais plus connu sous le nom de Ghana[4] dans le monde musulman et en Europe. (Diagana, 2011). L'empire du Ghana est un État africain dont la période de rayonnement se situe entre les 7ᵉ et 11ᵉ siècles en Afrique de l'Ouest bien que ses origines remontent à une époque beaucoup plus ancienne. Il était situé entre la vallée amont du fleuve Sénégal et celle du Niger, plus précisément dans la zone comprise entre l'est du Sénégal, le sud de la Mauritanie et l'ouest du Mali. Koumbi Saleh, une de ses villes les plus prospères, servait aussi de capitale. L'empire du Ghana ne doit pas être confondu avec l'actuel pays ouest-africain du même nom, ancienne colonie britannique, la Gold Coast (la Côte-de-l'Or). Cette colonie fut baptisée sous le nom de Ghana en 1957 au moment de son accession à l'indépendance, en l'honneur de ce premier empire africain connu. Cette décision prise par le premier chef d'État du Ghana, Kwame Nkrumah[5], était aussi une façon de marquer une rupture totale avec le colonisateur britannique et d'inviter les Africains à créer un État fédéral fort, la seule et unique voie pour accéder au développement, l'indépendance économique, politique et même militaire. Le Ghana dont il est question dans ce livre n'est donc pas à confondre avec le pays de N'krumah. Ce n'est pas dans la même région géographique. De plus, l'empire du Ghana était beaucoup plus vaste que le Ghana actuel et a duré près de 700 ans pendant la période médiévale. Compte tenu du manque de connaissances de ce premier empire noir d'Afrique, il est nécessaire d'y consacrer plusieurs pages parce que cet État médiéval sous régional a fait la fierté de l'Afrique subsaharienne. Ses débuts, ses fondateurs, son expansion et son rayonnement sur un vaste espace de la savane et du sahel africain, ses richesses agricoles, minières, son commerce florissant, son organisation politique, ses influences culturelles, ses relations avec le monde extérieur notamment les Arabo-musulmans[6] et son déclin, sont autant de thèmes qui seront élucidés dans cette étude.

Empire du Ghana à son apogée (7e-12e siècle)

Source: https://fr.wikipedia.org/wiki/Empire_du_Ghana

LA QUESTION DES SOURCES:

Trois types de sources ont contribué à une meilleure connaissance de l'empire africain médiéval du Ghana. Il s'agit d'abord des sources laissées par les auteurs et géographes arabes, ensuite la tradition orale africaine et beaucoup plus récemment les sources archéologiques.

LES SOURCES ARABES

UNE PLÉIADE de géographes et d'auteurs arabes a laissé des manuscrits sur l'Afrique notamment l'Afrique orientale et celle de la savane et du sahel entre le milieu du 9ᵉ siècle et celui du 11ᵉ siècle. On peut en citer quelques-uns:

Ibn Khordadhbeh, Yaḳub (m. 897), al-Masudi (965), Ibn Ḥawḳal (977), al-Biruni (Voir *Courrier de l'Unesco*, juin 1974). Yakub a voyagé en Égypte et au Maghreb dont il nous a laissé un tableau substantiel. Aussi bien dans son *Tarikh* que dans ses *Buldan* (édité dans la *Bibliotheca Geographorumarabicorum*, t. VII, de Goeje, comme la plupart des géographes arabes. La traduction de G. Wist sous le titre de *Livre des Pays* est utile mais pas toujours précise), il apporte des renseignements nombreux sur le monde noir : sur l'Éthiopie, le Soudan, la Nubie, les Bejja, les Zendj. Au Soudan, il mentionne les Zghawa du Kanem et décrit leur habitat ; il décrit l'important royaume de Ghana. Les *Masalik* (Kitab al-Masalikwa-l-Mamalik, B. G. A. II ; Le. Kubbel et V. Matveiev, II, pp. 33 et suiv.) d'Ibn Ḥawḳal sont encore plus détaillés. Il visita la Nubie et peut-être le Soudan occidental ; sa description vaut surtout pour l'idée qu'elle donne des relations commerciales entre Maghreb et Soudan. Presque tous les autres géographes du 10ᵉ siècle fournissent des notations sur l'Afrique noire: Ibn al-Faķih sur le Ghana et Kuki, le voyageur Buzurg Ibn Shariyar sur la côte orientale et les Zendj, Muhallabi qui a conservé dans son traité des fragments de Uswarii. Enfin, *les Prairies d'or* de Masudi (965) est riche de renseignements sur les Zendj et la côte orientale. Ces textes ont retenu l'attention des spécialistes africanistes et orientalistes, tels que Delafosse, Cerulli (*Documentiarabi per la storia dell Ethiopia*, 1931), Kramers (Djughrafiya, Encyclopédie de l'Islam; L'Érythrée décrite dans une source arabe du 10ᵉ siècle, *Attidel XIXᵉ Congressodegli Orientalisti*, Rome 1938). Ces sources sont des documents, manuscrits ou livres regroupant les domaines suivants: Chroniques, et Annales; Géographie et Voyages; Œuvres juridiques et religieuses; Textes littéraires, etc. Les *Masalik et Namalik* d' al Bakri représentent «l'apogée» de la connaissance géographique sur le Maghreb et sur le Ghana. Bien qu'al Bakri lui-même n'ait pas voyagé dans ces contrées, il a intelligemment utilisé les notes d'al-Warraq, aujourd'hui perdues, autant que les informations des marchands et voyageurs. Comme on le voit, l'apport des auteurs arabes dans la connaissance du Ghana et de l'Afrique noire du sahel et de la savane est déterminant même si parfois leurs écrits peuvent comporter des préjugés ou des lacunes. Mais si on les confronte avec d'autres sources comme la tradition orale africaine, cela permet d'y voir plus clair.

LES SOURCES ORALES OUEST-AFRICAINES SUR LE GHANA

EN AFRIQUE, les premières tentatives pour une organisation rationnelle des recherches en tradition orale furent entreprises dans le cadre du projet de rédaction d'une histoire générale de l'Afrique adopté par la quatorzième session de la Conférence Générale de l'UNESCO, des conférences tenues à Abidjan (Côte d'Ivoire), à Niamey (Niger) et à Ouagadougou (Burkina-Faso). Au cours des années qui suivirent, ce projet ressortit la nécessité de créer des centres régionaux de recherches en tradition orale. La synthèse des travaux de ces diverses consultations fut consignée dans l'ouvrage édité par D. Laya (1972). (Gomgnimbou, M., Gayibor, N. L. et Juhé-Beaulaton, 2006). Ces décisions bien que tardives ont contribué à mieux connaître l'histoire africaine notamment celle des grands empires médiévaux. Pour ce qui est du Ghana, il existe des sources orales dont les détenteurs sont les sages ou les griots connus pour être les transmetteurs de l'oralité dans les sociétés ouest-africaines. Les griots dont il s'agit ici n'ont rien à voir avec la plupart de griots actuels qui sont attirés par l'appât du gain et ne font que couvrir d'éloges les présidents, ministres, rois ou personnalités célèbres.

La plupart des griots actuels en Afrique de l'Ouest n'ont aucun rôle dans la transmission de l'histoire ni dans la construction d'une mémoire collective et d'un patrimoine oral sincère, mais ce sont des escrocs, attirés par l'argent. Les griots mentionnés dans cette étude sont des détenteurs de traditions orales et sont issus de tous groupes ethniques ouest-africains comme les Soninké, les Mandingues, les Peuls, etc. Ils ont parlé de l'empire du Ghana et de l'époque pendant laquelle leurs ancêtres y vivaient. Négligées pendant longtemps au profit des sources écrites, éparpillées un peu partout, les sources orales sur le Ghana ont finalement été réunies et publiées par plusieurs auteurs parmi lesquels Germaine Dieterlen et Diarra Sylla dans leur livre, *L'empire du Ghana. Le Wagadou et les traditions de Yéréré* ou encore celui de Youba Bathily intitulé: *Les racines de l'empire du Ghana.*

LES SOURCES ARCHÉOLOGIQUES SUR L'EMPIRE DU GHANA

LES SOURCES archéologiques ont elles aussi apporté un plus pour une meilleure connaissance de l'empire du Ghana. Dès les premières années du 20ᵉ siècle, des fouilles archéologiques ont commencé à être effectuées notamment sur le site de la capitale du Ghana, Koumbi Saleh. Selon les fouilles archéologiques effectuées en 1913, Koumbi Sahel servait de capitale à l'empire du Ghana dès le 6ᵉ siècle. C'est une ville qui se trouvait dans la partie sud de l'actuelle Mauritanie, en pays soninké. Une preuve claire que ce sont les Soninkés qui ont fondé le royaume du Wagadou qui allait par la suite devenir un vaste empire entre les 7ᵉ et 12ᵉ siècles. Grâce aux investigations archéologiques, on a également des informations sur les échanges commerciaux entre le Ghana et le Maghreb. Ce sont elles d'ailleurs qui nous indiquent que la ville de Koumbi Saleh servait de dépôt de sel et d'or, en liaison avec l'Afrique du Nord. Au 11ᵉ siècle, sa population avoisinait les 30000 habitants. L'organisation politique est également mentionnée. La combinaison des trois sources, manuscrits des auteurs arabes, tradition orale ouest-africaine et archéologie ont permis de reconstruire l'histoire de l'ancien empire du Ghana.

LES DÉBUTS DE L'EMPIRE DU GHANA

Il existe plusieurs versions en ce qui concerne les origines du Wagadou. Les sources archéologiques sont celles qui font remonter les racines du Ghana de très loin, en tout cas plus loin que toutes les autres sources, c'est-à-dire au néolithique à l'époque du Dar Tichitt-Walata. Mohamed Ould Khattar est l'auteur d'un article très édifiant à ce sujet et publié dans une sérieuse revue scientifique *Le Journal des Africanistes* (*Persée*)[1]. Ensuite, on peut évoquer la tradition orale ouest-africaine, qui indique que le « Wagadou », noyau de l'empire, aurait été fondé vers le 3e siècle av. J.-C. par une population armée venue de l'est et conduite par un dénommé Dinga Cissé. D'autres font remonter le Ghana vers 500 après J.-C. Enfin les textes écrits sur l'empire du Ghana nous ont été légués par des géographes arabes qui vivaient en Afrique du Nord et en Espagne[2]. Ces dernières sources ne mentionnent pas l'origine lointaine du Ghana mais donnent des informations sur le Ghana à son apogée, c'est-à-dire quand il est devenu empire entre le 7e et le 11e siècle. Ces documents sont les plus étendus et les plus anciens à avoir survécu jusqu'à nos jours. Dans ces manuscrits rédigés par des chroniqueurs arabophones, le royaume aurait été fondé par les Soninkés, peuple animiste vivant à la limite sud du Sahara. D'après le *Tarikh es-Soudan*, « histoire du Soudan », le Ghana aurait été fondé au 3e siècle par le peuple noir de cultivateurs, les Soninkés[3]. Grâce à ces sources, les auteurs arabes savaient déjà au 8e siècle que le royaume du Ghana existait au sud du Sahara. Ils avaient également entendu dire qu'il y avait un grand fleuve au pays du Soudan. Le mot « Soudan » est dérivé de *Bilad al Soudan*. Les Arabo-musulmans ont en effet désigné la zone qui couvre la savane de l'Afrique de l'Ouest subsaharienne sous ce nom *Bilad-al-Soudan*, signifiant « terre des Noirs ». En raison de l'utilisation précoce de ce terme arabe, la savane ouest-africaine est devenue le Soudan occidental à l'opposé du Soudan oriental qui regroupe aujourd'hui deux pays (le Soudan et le Soudan du Sud qui formaient un seul État jusqu'en juillet 2011, date à laquelle le Sud du Soudan est devenu un État indépendant), mais aussi les autres régions de cette partie de l'Afrique habitées par des populations à la peau foncée. La toute première référence au royaume du Ghana par des historiens est attribuée à l'astronome arabe Muhammad al-Fazari[4], au 7e siècle, cité par Al-Mas'udi dans son ouvrage *Murujadh-dhahab* (*Les prairies d'or*). Il y mentionne le « Ghana, pays de l'or[5] ». Un autre géographe arabe, al Bakri[6], dans sa *Description géographique du monde connu* écrite beaucoup plus tard au 11e siècle cite aussi du Ghana.

La région sur laquelle s'étalait l'empire du Ghana est caractérisée par de vastes prairies, des arbres géants largement dispersés, des précipitations saisonnières et le fleuve Niger avec ses nombreux affluents. Les géographes arabes pensaient que ce fleuve devait être le Nil, qu'ils connaissaient dans le nord-est de l'Afrique, partie sur laquelle il traversait l'Égypte. Ils savaient que le Nil était très long et qu'il provenait de quelque part de loin dans les entrailles de l'Afrique, mais ils n'y sont jamais allés. Aujourd'hui on sait que le Nil prend sa source en plein cœur de l'Afrique, au lac Victoria (Ouganda, Kenya, Tanzanie). C'est le Nil blanc. L'autre partie de ce fleuve, est issue du lac Tana (Éthiopie), c'est le Nil bleu. Les géographes arabes n'ayant jamais mis leurs pieds sur ces régions tropicales du continent, connaissaient le Nil uniquement dans sa partie égyptienne. Ils ignoraient aussi les autres cours d'eau à l'intérieur du continent. Ils n'avaient jamais entendu parler du fleuve Niger, en fait du

Joliba (son nom en mandingue, mandé, malinké, etc.) un vaste cours d'eau de plus de 4000 km de long, un des plus étendus d'Afrique.

De royaume, le Wagadu des Soninkés allait se transformer peu à peu en empire, sous l'impulsion de la dynastie des Cissé Tounkara dont le catalyseur est Kaya Maghan Cissé. Les rois du Ghana les plus connus sont: Dinga Cissé vers 750, d'autres dont les noms nous sont inconnus ont régné entre 800 et 1040. Il y a aussi Riyo(1040), Bassi (1040-1062), Menin (1062-1076), la dynastie des Diarisso avec plus de sept souverains (1087 et 1180). Puis c'est l'occupation avec les Kanté sous l'impulsion de leur chef Soumaoro. Le royaume du Wagadu doit son extension rapide grâce notamment à ses richesses en or, (*Kaya Maghan*, titre de l'empereur signifie d'ailleurs « maître de l'or »), mais aussi du fait de son organisation politique, du travail du fer par ses forgerons et surtout de ses conquêtes sur les petits royaumes voisins qu'il intégra un par un pour devenir un véritable empire vers le 8e siècle. (Diagana, 2011). De cette époque, jusqu'à environ la dernière partie du 11e siècle, le Ghana était la principale puissance de la région de la savane et du sahel ouest-africain. Il est reconnu comme un empire par le géographe et historien arabe Ahmad al-Yaqubi[7], parmi tant d'autres. Ce dernier a décrit le souverain du Ghana comme un empereur, un dirigeant très puissant, de qui dépendaient des rois subordonnés sous son autorité et régnant sur un vaste territoire avec différentes provinces regroupant un espace formé par plusieurs états ouest-africains.

LES SONINKÉS, CES AFRICAINS QUI ONT DONNÉ LE TON

Les Soninkés n'occupent pas une place considérable dans les États ouest-africains indépendants. Leur langue n'est pas non plus majoritaire dans aucun de ces États post coloniaux. Elle est éclipsée par d'autres langues comme le wolof au Sénégal, le bambara au Mali, le sosé en Gambie ou le hassanya en Mauritanie, etc. Toutefois, tel n'a pas été toujours le cas pour ce peuple bâtisseur de l'empire du Ghana, mais aussi peuple de commerçants, d'agriculteurs, de forgerons et de migrants qu'on retrouve aujourd'hui dans plusieurs pays de l'Afrique de l'Ouest et dans la diaspora. Les Soninkés constituent sur le plan ethnique et linguistique, la branche nord du groupe mandé[8]. Le plus souvent mêlés à d'autres populations, ils sont pour la plupart localisés dans la haute vallée du Sénégal. Au Mali, ils constituent, près de 10% de la population, au Sénégal environ 2%. Ils sont également présents dans le sud de la Mauritanie et au Burkina Faso. De nos jours, leur nombre est estimé à environ 2 millions de personnes en Afrique de l'Ouest. Les Soninkés eux-mêmes sont divisés en sous-groupes. Aux Soninkés proprement dits, population à dominante agricole, on rattache souvent les Markas (ou Marakas) et certains groupes dioulas, deux populations plus étroitement spécialisées dans les activités commerciales[9]. La vocation commerciale des Wangaras ou Dioulas date d'avant l'arrivée des Arabes. (D. T Niane, *Histoire Générale de l'Afrique*, Vol. 4, 1980, p. 142). Une des grandes réputations des Soninkés et encore aujourd'hui c'est d'être de grands marchands et cela remonte au temps de l'empire du Ghana. Dès les premiers siècles du Moyen-âge, ils étaient en contact non seulement avec les différentes ethnies de la savane ouest-africaine, mais aussi avec les nomades du Sahara, desquels ils acquéraient des chevaux amenés d'Afrique du Nord. Leurs armes de fer et leurs chevaux ont permis aux premiers Soninkés d'étendre progressivement leurs territoires et de dominer les royaumes et provinces voisins et de devenir un empire comme je l'ai bien précisé auparavant.

GHANA, UN EMPIRE TRÈS PROSPÈRE

L'empire du Ghana était économiquement très riche. Ceci est mentionné dans toutes les sources écrites le concernant. La tradition orale aussi le précise clairement. La prospérité du Ghana est rendue possible grâce à une économie dynamique et très diversifiée. Celle-ci s'appuyait à la fois sur une agriculture opulente, des ressources naturelles et minières abondantes, des échanges non seulement internes avec les différentes provinces et externes avec le Maghreb et le monde arabe.

D'abord sur le plan agricole, il est important de noter qu'une grande partie du territoire de l'empire du Ghana bénéficie d'une position géographique idéale favorisant une agriculture productive et abondante. En effet, sur les parties sud, ouest et est de ce vaste "État fédéral", il y avait une grande disponibilité de terres fertiles et de nombreux cours d'eau qui permettent de faire plusieurs récoltes dans l'année. Les crues des fleuves, ajoutées aux pluies hivernales, créaient une situation très propice à la diversification des cultures. Ces avantages ont rendu possibles d'excellentes récoltes et des excédents. Dès lors, les cultivateurs du Ghana pouvaient échanger ces excédents avec les populations voisines non seulement à l'intérieur de l'empire, mais aussi à l'extérieur de celui-ci notamment avec les tribus berbères, les Maures, les Touaregs et bientôt une partie du monde musulman jusqu'en Arabie. La disponibilité des terres fertiles et irriguées par les fleuves ou arrosées par les pluies a donc permis aux premiers occupants de cette vaste région du Soudan occidental de s'adonner à l'agriculture, d'exploiter leurs ressources naturelles et de créer une brillante civilisation. Les populations du Ghana sont donc passées de la survie préhistorique de la chasse et de la cueillette à une production plus fiable de nourriture. Comme pour le Nil dont on dit que « l'Égypte en est un don », le Ghana est aussi un don de la nature de la savane ouest-africaine et surtout des deux grands fleuves de la région, l'actuel fleuve Niger et le fleuve Sénégal. En effet, les inondations annuelles des fleuves *Joliba* (Niger), Sénégal, Falémé, Gambie, etc., et de leurs affluents, déposent une riche couche de limon qui transforme la région en une zone agricole extrêmement fertile et productive. D'ailleurs, au cours des dernières décennies, avec l'avancée du désert, la raréfaction de sols et les rivalités étatiques, un nombre croissant de paysans se sont disputé la propriété historique de cet espace dans cet environnement riche pour pratiquer des cultures vivrières afin de résister à la concurrence mortelle des cultures commerciales introduites par les colonisateurs. Aujourd'hui encore les nations ouest-africaines se querellent pour le contrôle de certaines terres riches et fertiles irriguées par des fleuves chargés d'histoires, de contes, de mythes et de légendes. C'est le cas par exemple du conflit qui a opposé des Mauritaniens (Maures contre populations noires du pays), mais aussi le Sénégal et la Mauritanie sur la question frontière et l'accès aux terres de cultures. La Mauritanie et le Mali pour des raisons similaires, ont également connu des conflits.

Aux excellentes récoltes qu'obtenaient les populations du Ghana, s'ajoutent des prairies très fertiles dans la savane et très propices à l'activité de l'élevage. Les éleveurs avaient la chance de promener leur bétail sur de vastes et verdoyants espaces. À côté de l'agriculture, l'élevage occupait une place centrale. Il a contribué à faire du Ghana un empire plus riche et économiquement prospère. En effet, si les usages varient, pour tous les pasteurs ou agro-pasteurs, à l'est comme à l'ouest du continent africain, il est attesté que le bétail c'est la richesse: « cattle constitute wealth », comme le soulignait Melville Herskovits dans un long article sur « l'aire de la vache » (cattle complex) en Afrique de l'Est[10] (Herskovits, 1926, p. 650). Cet auteur montre par ailleurs à quel point l'importance du bétail dans la zone qu'il étudie tient une large part due au fait que les bovins sont la forme essentielle de richesse, y compris chez les agropasteurs. L'aire géographique de la vache qu'il prend en compte est considérable. Bien que son article traite de l'élevage dans les sociétés de l'est du continent africain, force est d'admettre que son analyse confirme parfaitement l'activité de l'élevage en Afrique occidentale notamment du temps de l'empire du Ghana, mais aussi des empires qui lui ont succédé. Certains des habitants de l'ancien empire du Ghana comme les Peuls sont connus pour être de grands éleveurs. Ces derniers (avec d'autres populations), pratiquent un élevage productif de moutons, chèvres et surtout de vaches depuis des siècles voire des millénaires. Les produits tirés de cet élevage complètent les rendements agricoles des cultivateurs sédentaires constitués notamment de céréales comme le mil, le fonio et le sorgho, mais aussi des fruits et légumes comme les melons, la patate douce, etc. Le surplus de production est destiné aux échanges avec les peuples voisins sous forme de troc (produits laitiers contre mil par exemple).

En plus de l'agriculture et de l'élevage, la, pêche, l'artisanat et le commerce[11] étaient les autres secteurs tellement développés dans l'empire du Ghana. Les géographes arabes ont tous mentionné cela et ont conclu que c'est cette prospérité économique qui a rendu possible l'existence de grands centres urbains notamment sur les abords des grands fleuves. Sur ce point, le Ghana n'est pas une exception parce que la plupart des grandes civilisations du monde sont bâties sur les rives de grands cours d'eau[12].

Notons aussi l'existence de populeux villages et même de villes dans l'ancien empire du Ghana. Les auteurs arabes en parlent dans leurs écrits, mais ils ne sont pas les seuls à en rendre compte à une époque où une bonne partie de l'humanité vivait dans une économie rudimentaire, dans des guerres et des famines y compris dans les territoires des plus grandes puissances du monde contemporain. En effet, des travaux archéologiques ont révélé que dès le milieu du 2ᵉ siècle de notre ère, une population urbaine s'était développée dans certains endroits de ce qui allait faire partie intégrante de l'empire du Ghana. Par exemple dans la région de Djéné dans l'actuel Mali, on a découvert à Jenne-Jeno dans la plaine inondable entre le Niger et le Bani des centres urbains remontant à l'époque du Ghana. Par sa position géographique, Jenne-Jeno était devenue l'une des premières villes du Soudan occidental, probablement à l'époque où Kumbi Saleh, à l'ouest devenait le centre d'activité du peuple Soninké de l'Empire du Ghana. Pendant un certain temps au moins, Jenne-Jeno aurait prospéré dans le delta intérieur lorsque les empereurs du Ghana régnaient depuis leur capitale à Kumbi Saleh. Selon l'historien Djibril Tamsir Niane, depuis quelques années, nous sommes de mieux en mieux informés sur cette ville et ses environs. Son ancien emplacement, a été investi par les archéologues. Les résultats recueillis prouvent que le développement de la cité n'était pas dû au commerce transsaharien animé par les Arabes à partir des 9ᵉ et 10ᵉ siècles mais bien avant leur arrivée. En réalité, l'occupation la plus ancienne de Jenne-Jeno remonte au 3ᵉ siècle avant l'ère chrétienne. Elle a été l'œuvre de populations s'adonnant à l'agriculture, à l'élevage et aussi au travail du fer. Toujours selon l'historien D. T. Niane, en dehors du plateau du Bauchi situé dans l'actuelle République du Nigéria, la vieille ville de Jenne-Jeno est le seul lieu de l'Ouest africain où l'on signale l'existence de la métallurgie à cette date. Dès le Iᵉʳ siècle de l'ère chrétienne, le riz y était cultivé. On peut en déduire que la culture de la variété africaine de riz (*Oryzaglaberrima*) remonte au moins à ce siècle. Ce qui ruine définitivement la théorie de ceux qui voulaient faire du riz, une céréale d'origine asiatique. Vers le 2ᵉ siècle, Jenne-Jeno était un grand centre urbain, possédant des hameaux de culture. La ville était ceinturée par de gros villages avec lesquels elle était en relation et qui s'échelonnaient le long du fleuve Niger et de son affluent, le Bani. Les fouilles effectuées en 1977 prouvent également que la banlieue de Jenne-Jeno était très peuplée. (Niane, 1980, 142).

En dehors des richesses générées par l'abondance agricole et les produits tirés de l'élevage, l'économie du Ghana tenait en grande partie sa renommée aux ressources extraites de son sous-sol comme le fer et surtout l'or, à tel enseigne que le Ghana était surnommé par les géographes arabes et les voyageurs orientaux comme le pays de l'or.

GHANA, LE PAYS DE L'OR

L'or est étroitement lié à la naissance et à l'importance du Ghana. Ce dernier était décrit comme l'un des endroits les plus fortunés en or dans le monde pendant le Moyen Âge. Les mines d'or et de fer y étaient intarissables. Le « pays de l'or » correspond aux régions aurifères du Bambouk et du Bouré, sur lesquelles s'étend l'autorité des souverains du Ghana. Aujourd'hui encore dans les pays ouest-africains dont le Bambouk et le Bouré font partie, l'or et le fer y sont exploités en abondance. Il s'agit notamment de l'est du Sénégal, l'ouest du Mali, le sud de la Mauritanie ou encore en Guinée et même au Burkina Faso. Les plus grandes compagnies minières du monde, notamment canadiennes, américaines, françaises, britanniques, australiennes, chinoises en même indiennes rivalisent pour obtenir les contrats d'exploitation de l'or dans ces pays ouest-africains.

En fait, ce qui avait attiré l'attention des géographes arabes en premier lieu et leur ardent désir de se rendre au Ghana ou de laisser des témoignages écrits, ce sont les histoires qu'ils ont entendues de voyageurs et commerçants. Ces individus que les auteurs arabes ont questionnés ou desquels ils ont entendu les récits, avaient tous mentionné de richesses fabuleuses au Ghana, notamment d'énormes quantités d'or. C'est ainsi qu'à la fin du 8e siècle de notre ère, l'astronome et universitaire arabe Ibrahim al-Fazari, déjà cité, a appelé le Ghana « le pays de l'or ». N. Levtzion et J.F.P Hopkins, dans leur Corpus of *Early Arabic Sources for West African History*, ont répété ce que al-Fazari a mentionné sur le Ghana, mais aussi ce que d'autres ont transmis comme Al-Hasan ibn Ahmad al-Hamdani (vers 893 - 945). Celui-ci a déclaré que la mine d'or la plus riche du monde se trouvait au Ghana. Pour les géographes arabes comme al-Hamdani, le Ghana était un mystérieux lieu d'obscurité au-delà des sources du « Nil » où il y avait « des eaux qui font pousser l'or » (Voir Levtzion et Hopkins). Tous les auteurs arabes ont été unanimes, en affirmant et répétant dans leurs récits que le Ghana était une terre de richesse et que l'or y était en abondance. Certains écrivains arabes avaient même des idées exagérées, voire fantasmagoriques sur l'or qui traînait, attendant d'être ramassé et ramené à la maison. Par exemple, l'écrivain classique Ibn al-Faqih al Hamadhani (décédé vers 912) a déclaré : « au Ghana, l'or pousse dans le sable comme le font les carottes et il est cueilli au lever du soleil ». Vers la fin du 10e siècle, l'auteur anonyme d'*Akhbar al-Zaman* a affirmé que les commerçants se glisseraient furtivement dans le royaume du Ghana où « toute la terre : c'est de l'or ». Il a ajouté : "les populations du Ghana allumaient des feux, faisaient fondre le métal précieux et s'envolaient avec". Le même auteur a signalé un voyageur au Ghana qui a trouvé "des endroits où poussaient des tiges d'or" (cité dans Levtzion et Hopkins). Nous savons aussi que de tels contes ont duré longtemps, car au 14e siècle alors que le Ghana avait décliné et était intégré dans l'empire du Mali, l'historien et géographe syrien al-Umari (1301-1349) décrivait encore deux types de plantes qui avaient des racines d'or. C'est d'ailleurs pour cette raison que le monde musulman et les conquérants arabes allaient grandement s'intéresser à cette région d'Afrique dans le but de prendre plus tard possession des immenses richesses. Rien de nouveau sous le soleil quand on voit actuellement la course des grandes puissances du monde vers l'Afrique pour prendre contrôle des potentialités minières, énergiques et agricoles, jusqu'à soutenir des dictateurs et potentats, qui, loin d'être des présidents élus démocratiquement par les populations, ne sont en réalité que des valets et des sous-préfets des plus forts de ce monde sur le continent.

Ce que disent les géographes sur l'abondance de l'or dans l'ancien empire du Ghana est renforcé par la tradition orale chez toutes les ethnies ouest-africaines qui faisaient partie de ce vaste empire. Aujourd'hui encore les populations de la vallée du fleuve Sénégal désignent l'or pur sous le nom de *Galam* qui n'est rien d'autre que la région située dans la partie Est du Sénégal à la frontière avec le Mali. C'est dans cette même région qu'aujourd'hui de grandes compagnies étrangères (américaines, canadiennes, australiennes et chinoises) se disputent les contrats d'exploitation avec l'État du Sénégal pour réaliser d'énormes profits à travers la transformation de ce métal jaune notamment pour des bijoux, l'électronique, les produits financiers, l'aérospatial ou encore le milieu médical, la fabrication des verres et façades d'immeubles, etc., sans respecter les normes écologiques ni récompenser à sa juste valeur les pauvres populations (y compris des femmes et des enfants) qui y travaillent dans des conditions misérables et inhumaines.

Doté d'énormes ressources agricoles, minières, de produits d'élevage et artisanaux grâce à la maitrise du travail du fer et de l'or par ses forgerons, le Ghana voyait ses ambitions s'accroître. C'est ainsi qu'il développa un vaste réseau d'échanges commerciaux avec notamment les Berbères du Sahara et toutes les populations arabes par la suite. Le commerce, notamment transsaharien à travers les échanges avec les populations arabo-musulmanes, était resplendissant. Sur un vaste territoire qui s'étendait du moyen Sénégal à l'ouest, aux environs de ce qui allait devenir plus tard Tombouctou à l'est, le Ghana avait quelque chose à proposer et à échanger avec ses partenaires commerciaux.

LE GHANA, ACTEUR CLÉ DU COMMERCE TRANSSAHARIEN

Parmi les différents facteurs qui ont finalement élevé le royaume du Wagadu au niveau d'un empire, il y a aussi et surtout son contrôle du commerce régional et transsaharien. L'État du Ghana, d'après les plus anciens témoignages des géographes, reposait sur le contrôle des routes commerciales, spécialement celles de l'or. C'était à vrai dire, pour les Arabes, le pays par excellence de cet or soudanais dont le rôle allait être essentiel dans l'économie de l'islam méditerranéen et de l'Europe médiévale[13]. Le commerce transsaharien, animé par ce métal précieux, est resté insignifiant pendant l'Antiquité et n'a été organisé par les caravaniers musulmans qu'à partir du 8e siècle. C'est alors qu'apparaît, dans le sud du Maroc, la métropole commerciale de Sidjilmassa, homologue d'Awdaghost, une des villes berbères conquise et occupée par le Ghana pendant plusieurs siècles. Le commerce régional impliquait l'échange d'un certain nombre de produits qui jouaient un rôle majeur dans la vie quotidienne des populations. C'est le cas par exemple du sel.

L'histoire du sel alimentaire commence à prendre une réelle importance à partir du moment où l'homme tente de s'impliquer dans la production effective de son alimentation et sa conservation en toutes saisons. Aujourd'hui avec nos frigos et réfrigérateurs bien sophistiqués, nous ne réalisons pas que les choses n'ont pas toujours été ainsi pour les peuples et civilisations qui nous ont précédés. En plus de la conservation des aliments, le sel est très important pour l'être humain comme pour toutes les espèces vivantes. Chez l'homme par exemple, la carence en sel peut amener jusqu'au coma et à la mort[14]. Le sel permet aussi de corriger un menu comportant essentiellement des végétaux. Dans le passé, il a facilité l'adoption de l'agriculture et de l'élevage et son utilisation s'est étendue à d'autres techniques typiques d'un mode de vie sédentaire (élaboration du cuir, lustrage des poteries). C'est donc l'un des piliers des révolutions néolithiques et partant, des civilisations. Si cet élément fait partie des produits les plus ciblés dans le commerce entre le Ghana et ses partenaires, ce n'est donc pas un hasard. Comme le sel se trouvait dans les mines du désert du Sahara très souvent dans des territoires contrôlés par les Berbères, l'empereur du Ghana n'hésitait à aller à sa convoitise par des conquêtes ou par le biais du commerce d'échange. En dehors du sel, le Ghana recevait de ses partenaires commerciaux du Maghreb et au-delà du cuivre et de dattes et d'autres produits. Cependant le produit d'échange le plus luxueux et sollicité était le cheval.

En effet, les conquérants musulmans apportaient des chevaux qu'ils échangeaient avec des produits dont le Ghana disposait. Par sa position géographique (voir carte ci-dessous), le Ghana était bien placé pour dominer le commerce international des caravanes à travers le Sahara occidental et le Moyen-Orient mais aussi par la mer Méditerranée. L'une des raisons les plus importantes de ce développement commercial a été l'introduction du chameau en Afrique du Nord. Cet animal a joué un rôle moteur dans l'existence du commerce transsaharien. Appelé le navire du désert ; en raison de ses caractéristiques physiologiques uniques, il peut survivre dans des climats très arides. Avec ses grands pieds plats bien adaptés pour manœuvrer à travers le sable, le chameau pouvait transporter de lourdes charges pendant plusieurs jours sans nourriture ni eau.

Pendant que le Ghana recevait des produits qui lui faisaient défaut à travers les échanges avec les populations du Nord de l'Afrique, il permettait en retour à ses partenaires commerciaux arabo-musulmans d'acquérir des produits de la savane ouest-africaine qu'ils n'avaient pas. Il s'agit par exemple du bétail, des outils en fer, des armes et des ustensiles artisanaux et de poteries, des peaux d'animaux, des articles en cuir tels que des sandales, des coussins et des sacs, des tissus tissés et teints localement, des produits d'herbe tissée tels que des paniers et des tapis de couchage, des phyto-médicaments, de la noix de cola et denrées alimentaires comme poisson séché, riz, céréales diverses, condiments, épices, miel et fruits. Plus au sud, plus près de la forêt, venaient encore l'or et les noix de cola.

Bien que l'or fût le produit par excellence, celui qui a fait la renommée du Ghana dans le monde arabe médiéval et en Europe, force est de noter que la noix de cola a aussi occupé une place majeure dans les circuits commerciaux de l'empire du Ghana. La noix de cola ou cola (ou kola) est la graine d'arbres du genre Cola, nommés génériquement colatier (ou kolatier), représentés principalement par *Cola nitida* et le *Cola acuminata*. Originaire de la forêt tropicale de l'Afrique occidentale et centrale, elle est appréciée depuis très longtemps par les populations locales pour ses vertus stimulantes, tenant à sa forte teneur en caféine. Consommée fraiche et débarrassée de ses téguments pulpeux, elle est longuement mâchée en bouche où elle développe d'abord une saveur astringente et amère puis sucrée. Symbole de bienveillance, elle tient aussi une place importante dans les us et coutumes de la société. Aujourd'hui encore, on distribue de la Kola (cola) lors des cérémonies de mariage ou baptême en Afrique de l'Ouest. Produite dans les forêts tropicales s'étendant de l'actuelle Guinée-Bissau au Ghana actuel, elle est exportée vers le nord depuis des siècles, par des caravanes de porteurs dioulas[15] ou wangaras[16], jusque dans la région de la savane soudanienne occidentale. (M. Delafosse, 1912). Le commerce à longue distance s'est ensuite étendu vers l'est, jusque dans l'actuel Nigeria. De nos jours et notamment dans les pays occidentaux, la noix de cola est rendue célèbre par la boisson gazeuse d'un pharmacien américain d'Atlanta, le cola, ou plutôt la noix de cola. Ayant constaté que la noix de cola est un puissant stimulant essentiellement destiné à lutter contre la fatigue physique et intellectuelle, une firme américaine en tire d'énormes revenus à travers la célèbre boisson gazeuse Coca-cola. Qui ne connait pas le Coca-Cola ? Qui connait l'origine la véritable histoire de la cola ? Encore une preuve qu'aujourd'hui ce que l'Afrique possède de positif et de bien, ce qu'elle apporte au monde est très souvent méconnu ou passé sous silence.

Au fur et à mesure que l'expansion musulmane se développe dans le Maghreb et qu'elle s'installe par la suite en Afrique de l'Ouest, un autre produit rentre dans les réseaux de commerce, l'esclave. La traite des Noirs par les Arabo-musulmans devient une pratique courante imposée par les nouveaux faiseurs de lois. Il finit par s'imprégner progressivement dans les habitudes et comportements des populations du Ghana et plus tard du Mali et surtout du Songhay comme nous le verrons dans les prochaines pages. En effet, les nombreuses concurrences et la volonté d'acquérir des richesses, des armes inconnues, des produits de luxe et surtout des chevaux que les Arabes apportaient depuis la lointaine Mongolie à travers les échanges qu'ils faisaient avec l'Orient, poussent les populations du Ghana à intégrer l'esclavage dans le commerce transsaharien. Ce sera un des éléments les plus destructeurs de la cohésion sociale dans l'empire du Ghana. Il est important de comprendre que durant le Moyen-âge africain, des liens existaient entre les ethnies, les tribus, les peuplades africains. Ces liens furent perturbés par deux grands événements : la réduction inhumaine de la personne noire à un animal ou à une marchandise par les conquérants arabo-musulmans (esclavage transsaharien et esclavage de l'océan Indien) dès le 9e siècle et la traite transatlantique introduite par les Européens au 15e siècle. Voilà deux pratiques ignobles et inhumaines qui allaient détruire complètement l'Afrique.

En attendant d'y revenir plus tard, mentionnons que le Ghana avait aussi réussi à devenir une puissance militaire avec une armée bien organisée et nombreuse pendant les plus belles époques de son histoire.

LE GHANA, UNE FORCE MILITAIRE

Ce qui fait défaut à l'Afrique contemporaine, le Wagadu l'avait réussi il y a 1500 ans, à savoir construire un État vaste et uni à partir d'une armée unie, nombreuse et ravitaillée en équipement par les forgerons qui transformaient le fer extrait des mines dans différents territoires. En effet, la maîtrise du fer pour fabriquer des outils et les armes ainsi que l'acquisition de chevaux à travers les échanges avec les Arabo musulmans ont permis à certains peuples du Soudan et notamment du temps de l'empire du Ghana de déployer des armées supérieures à celles de leurs voisins et dominer d'autres. Ceci est d'autant significatif que nous sommes à une époque où l'Europe était incapable de le faire et vivait des périodes économiques difficiles accentuées par des rivalités et guerres sans fin. Ce sont là des faits, une réalité difficile à admettre par *l'homo vingt-unième siècle*.

Avec cette armée disciplinée et disponible, le roi le plus puissant du Wagadu forma un empire en conquérant ses rivaux et en ajoutant leurs terres et revenus commerciaux à son domaine. Les régiments du Ghana comprenaient des cavaliers, des chars, une infanterie. Les guerriers étaient tous munis, soit d'armes de jet, soit de lances, soit d'arcs et de flèches empoisonnées. Souvent, ils construisaient eux-mêmes leurs chars. Ceux-ci étaient très légers: les jantes étaient confectionnées avec un assemblage de trois branches de bois de *nombo*, sorte de rotin flexible et très solide, ceinturé par des lanières de cuir. Les rayons, au nombre de quatre, les moyeux, l'essieu, le timon étaient en bois de kapokier ainsi qu'une plateforme de petite dimension recouverte de cuir. Elle supportait un seul guerrier doté d'un arc (*tombe*), d'un carquois contenant des flèches (*gundayi*). Très léger, le char était tiré par un seul cheval[17]. Lorsque les combattants de l'empereur du Ghana voulaient prendre un village, on battait d'abord le tambour de guerre, car on ne partait pas à l'attaque sans prévenir l'ennemi. Les éclaireurs à cheval et armés de lances partaient les premiers. Les chars lancés au galop les suivaient et encerclaient l'agglomération en tournant dans le sens inverse des aiguilles d'une montre de façon que le monteur puisse tendre son arc de la main droite. Derrière eux, venaient les archers à pied; quand l'ennemi était vaincu, tous étaient capturés par ces derniers, qui tiraient ensuite des flèches enflammées pour mettre le feu aux habitations. Quand les combattants eurent pacifié les régions qu'ils avaient occupées et organisé l'empire, ils renoncent aux entreprises guerrières et intègrent les populations dans leur entité politique. Mais, ils conservent toujours une armée à pied et des cavaliers. Après le Ghana, l'empire du Mali a agi de la même façon, mais aussi le Songhay. Ensemble, ces trois grands empires ont dominé l'histoire économique, militaire et politique de l'Afrique de l'Ouest pendant environ 900 ans.

Rappelons que le Ghana n'avait pas réussi que sur les plans économique et militaire, il avait aussi des succès politiques à travers une bonne division administrative et une organisation minutieuse entre les différentes provinces et le pouvoir central.

ORGANISATION POLITIQUE ET SOCIALE DE L'EMPIRE DU GHANA

De sa capitale Koumbi Saleh, l'empereur du Ghana régnait sur un gigantesque territoire dont nous avons précisé l'étendue. Ce vaste empire dont l'origine est antérieure aux ères chrétienne et musulmane, allait atteindre son sommet et son rayonnement entre les 7e et 11e siècles. Sur le plan administratif, l'empire du Ghana était divisé en provinces et royaumes qui dépendaient tous de l'empereur. Ce dernier, avec son armée forte, estimée à un peu plus de 200000 hommes, sécurisait et protégeait ses populations. Des gouverneurs, des rois, des ministres, etc. étaient mis en place pour lui permettre de mieux diriger son peuple et contrôler son territoire. L'organisation politique était claire. En dessous de l'empereur, se trouvaient 12 patriarches conseillers, descendants directs des compagnons de l'empereur. Ces derniers étaient choisis sur la base de leurs connaissances et de leur personnalité. Ils se réunissaient avec les plus hautes autorités pour étudier et discuter de toutes les situations, de tous les problèmes et de leurs solutions possibles, avant que ne soient convoqués les chefs de clans *wage* pour l'action. Il y avait aussi des chefs de guerre chargés de l'organisation de l'armée et la supervision des opérations sur le terrain. Ils étaient au nombre de 18 généraux appelés *nana*. Obligatoirement 9 d'entre eux montaient des chevaux roux et les 9 autres des chevaux blancs. Ensuite il y avait les gouverneurs militaires des provinces, responsables des régions. Ils étaient au nombre de 12, chiffre qui correspondait au nombre provinces de l'empire. Chaque province était dirigée par un gouverneur s'occupant des questions locales et régionales. Les gouverneurs portaient le nom *fado*. On note aussi l'existence d'officiers supérieurs appelés en langue soninké les *hida* ainsi que des éclaireurs. Ceux-ci avaient pour mission d'aviser l'empereur de la présence de l'ennemi qui était en vue: 7 notables chargés de surveiller les *wage* afin que tous les interdits soient respectés. Ensuite, ils étaient secondés de 7 assistants. Mentionnons en outre l'existence de responsables de la police, connus sous le nom de *samasaduaradyuwara*.

Toujours sur le plan social, le peuple du Ghana comportait trois couches sociales qu'on retrouve encore dans les pays africains qui faisaient partie de cet empire: les nobles, les gens de castes et les paysans. La tradition orale rapportée à travers le cas de Yéréré dont nous avons mentionné dans le livre (Diterlen et Sylla, 1992), énumère fréquemment le nombre des « fonctionnaires » qui avaient la charge des tractations commerciales ou autres, comme des adjoints aux responsables des rites religieux et familiaux (mariages, baptêmes, circoncisions, funérailles, etc.). En particulier sont souvent rappelés les interdits stricts qui réglaient les rapports qu'avaient les *wage* avec les artisans, les autres castes et par la suite les captifs des différentes campagnes contre les voisins, appelés à tort esclaves. On connait aussi l'importance des unions matrimoniales pour lesquelles on devait observer des règles de parenté précises. Tous les habitants devaient également respecter des interdits associés aux cultes soninké et kakolo. (Solet, 2004).

En dehors des organisations économique, militaire, politique et sociale, l'empire du Ghana s'était doté d'une convention financière avec l'utilisation d'une monnaie commune, à travers les cauris.

UNE MONNAIE COMMUNE DANS LE VASTE EMPIRE DU GHANA: LES CAURIS

En Afrique de l'Ouest, les cauris étaient la monnaie la plus populaire pendant de nombreux siècles. Ces soi-disant « cauris d'argent » sont en fait des coquillages d'un petit gastéropode qui vivent dans les eaux tropicales des océans Indien et Pacifique. Du temps de l'empire du Ghana et plusieurs siècles après, les cauris étaient employés comme monnaie. Le joli coquillage blanc a toutes les caractéristiques requises d'une devise : facile à manipuler et transporter grâce à sa légèreté, non-périssable, utilisable pour des paiements modestes ou larges. Sa forme la rend instantanément identifiable et difficile à contrefaire. Il y a très peu de différence physique entre plusieurs cauris, ni en forme ni en taille, ce qui les rend facile à compter.

Aujourd'hui encore en Afrique occidentale, ils continuent à être utilisés comme bijoux ou objets de décoration, etc. C'est grâce à ses échanges avec le monde musulman que le Ghana a pu mettre en place une monnaie commune par le biais des cauris. En effet, les commerçants arabes transportaient des cauris des îles Maldives de l'océan Indien jusqu'en Égypte, puis à travers le désert jusqu'aux marchés de l'Afrique du Sahel et de la Savane. Très longtemps après l'empire du Ghana, les Africains de l'Ouest notamment ont continué d'utiliser les cauris comme monnaie. D'ailleurs quand les Européens ont débarqué sur les côtes ouest-africaines à partir du 15e siècle, période qui marque un tournant décisif dans l'histoire de l'Afrique, les nouveaux venus avaient remarqué que les cauris servaient de monnaie entre les populations. C'est pourquoi, les Européens avaient tendance à préférer les cauris à l'or comme monnaie. Ainsi, dans leurs relations commerciales avec l'Afrique occidentale, les Européens ont continué avec son utilisation pendant une longue période. Par exemple au 16e siècle, les coquillages étaient importés dans les navires de commerçants hollandais et anglais sur la côte guinéenne de l'Afrique de l'Ouest. Avec l'avènement de la traite négrière atlantique, les cauris étaient parmi les articles échangés par les Européens. Pendant longtemps, les cauris ont coexisté avec plusieurs autres formes de devises à travers l'Afrique de l'Ouest : pièces d'argent et poussière d'or, mais aussi barres de sel, bracelets de cuivre ou de bronze en forme de fer à cheval, tissus, perles, etc. Vers le 18e siècle, le cauri était la devise de choix sur les voies commerciales ouest africaines. Il conservera jusqu'au 20e siècle son statut de moyen de paiement, ainsi que de symbole de pouvoir et de richesse.

De nos jours, ils sont encore utilisés en Afrique occidentale pour différentes choses, y compris la décoration de vêtements, de tambours et des coiffures, et sur des sculptures rituelles telles que des masques et des statuettes. Ils servent également à prédire l'avenir. Il suffit de faire un tour au Sénégal, au Mali, en Gambie ou dans le sud de la Mauritanie, pour s'en apercevoir. En effet, on peut voir des devins en jeter une poignée pour faire des prédictions basées sur la manière dont les obus atterrissent avec le côté ouvert vers le haut ou vers le bas.

Malgré son rayonnement sur plusieurs siècles, sa prospérité économique avérée et mentionnée dans différentes sources africaines et étrangères, son unicité politique et culturelle dont les conséquences sont encore visibles, son organisation militaire, etc., le Ghana comme toutes les grandes civilisations du monde, comme tous les empires et États qui ont jadis marqué l'histoire de l'humanité, allait connaître son déclin en raison de plusieurs facteurs qui vont être analysés dans cette dernière partie.

LE DÉCLIN DU GHANA

Le Ghana doit en grande partie son déclin à ce qui avait en partie fait sa prospérité et son rayonnement, c'est-à-dire son expansion et son ouverture sur le monde ainsi que les relations nouées avec le monde arabo musulman. Toutefois, ce dernier avait d'autres ambitions cachées, autres que la simple islamisation de l'Afrique. La poussée musulmane en Afrique subsaharienne allait en effet assez rapidement modifier les rapports de force dans les relations entre les Arabo musulmans et les populations de l'empire du Ghana. Bientôt les échanges commerciaux paisibles donnèrent lieu à des conflits sans fin. D'un côté les Almoravides, ces djihadistes des temps médiévaux, et de l'autre une armée de l'empereur du Ghana en perte d'unité et de motivation, débordée par la ferveur et la détermination des nouveaux venus ou de leurs représentants et alliés en Afrique du Nord.

En effet, au cours du 8e siècle, les tribus Zanatas et d'autres Berbères de la région de l'Atlas marocain se sont convertis à l'islam. Ensuite, ce fut le tour des Sanhajas. La transmutation religieuse leur a donné des connexions commerciales plus larges. Il a ensuite augmenté l'ampleur et la complexité de leur commerce et a généralement amélioré leur prospérité. Au cours du siècle qui a suivi la prise de contrôle par les Soninkés de la ville d'Awdaghust, les Sanhajas se sont impliqués dans une nouvelle dynamique, à savoir le mouvement almoravide. Celui-ci eut une grande influence sur la propagation de l'islam, lui-même un facteur majeur dans l'histoire de l'Afrique de l'Ouest, mais aussi jusqu'en Espagne et le sud de la France (le grand califat al andalous). Au début du 10e siècle, les Sanhajas étaient maîtres du Sahara occidental, mais ils étaient répartis sur un vaste territoire et divisés en sous-groupes ou clans. Ils vivaient dans divers secteurs et dominaient les routes commerciales et les mines de sel, ce qui leur permettait d'en tirer aussi d'énormes profits. Les sous-groupes vivants dans la partie sud du désert étaient les Juddalas (ou Diouddalas) et les Lamtunas, qui bordaient le royaume du Ghana. Awdaghust était contesté entre les Lamtunas et les Soninkés. L'islam se répandait dans la région, mais il était plus faible et moins orthodoxe dans le sud que dans le nord. Les néo-convertis n'hésitèrent pas ainsi à utiliser la religion comme prétexte pour annexer le Ghana. C'est là, le début de la fin pour cet empire plusieurs fois séculaire.

Les Almoravides, une dynastie berbère sanhajienne avait comme projet la création d'un vaste territoire dont les préceptes de l'islam allaient être le soubassement. En effet, leur préoccupation essentielle était le respect strict des préceptes et de la discipline de l'islam. Ils voulaient que toutes les règles de cette religion soient suivies : prière et jeûne, abstention d'alcool (les boissons locales fermentées à base de mil ou autres céréales) et de nourriture interdite, faire le pèlerinage à La Mecque et apprendre le Coran. Ils étaient prêts à promouvoir ces enseignements et principes par la force à travers le jihad ou la lutte armée. Cela signifiait que les Almoravides devaient avoir une base solide à partir de laquelle ils pouvaient lancer leurs campagnes militaires, et que les clans impliqués devaient être unifiés. Ils ont commencé une campagne pour intégrer les Massoufas et les autres peuples Sanhajas du Sahara méridional dans leur mouvement. Certains clans sanhajas ont continué d'être rebelles, mais la plupart d'entre eux ont rejoint l'alliance et ont été consolidés en une fédération politique efficace de sous-groupes du désert.

En 1048, les Almoravides étaient devenus la force la dominante du Sahara occidental et s'engagèrent dans de nombreuses batailles. En 1054, ils reprirent Awdaghust aux Soninkés du Ghana. En raison de la puissante influence almoravide, de nombreux Soninke du Ghana ont été convertis, parfois de force, à l'islam. Les populations non soumises conservèrent leurs rituels religieux traditionnels pendant longtemps.

En 1056, les Almoravides marchèrent en direction de la grande ville commerçante de Sijilmasa, cité prospère chargée d'histoire située dans le sud du Maroc. En fait, les Almoravides avaient appris que Sijilmasa avait été repris par les Zanatas, ses anciens dirigeants. Yasin, fondateur du mouvement, et la plus grande partie de son armée partirent vers le nord pour reprendre cette ville, mais dans le sud. Le Juddala s'était de nouveau révolté. Le chef Lamtuna Yahya dut rester derrière pour faire face au Juddala. Il perdit la vie au cours des combats. Son frère Abu Bakr ibn Umar lui succéda en tant que commandant militaire suprême des Almoravides. Lors d'une des nombreuses campagnes almoravides, Yasin, a été tué en 1059. Une fois qu'ils prirent le contrôle du Sahara et la partie nord des routes commerciales, les Berbères Almoravides commencent leurs expéditions contre le brillant empire ouest africain du Ghana dans la seconde moitié du 11e siècle. Deux décennies plus tard, c'est-à-dire en 1076, les combattants berbères réussissent à s'emparer de la capitale du Ghana Koumbi Saleh, la ville même qu'Abou Bakr ben Omar son tombeur appelle Ghana. Cependant, ils n'étaient ni suffisamment nombreux ni assez forts pour garder et maintenir assemblés l'empire du Ghana. Cette victoire permit tout de même aux Almoravides d'occuper une position très stratégique notamment de contrôler des voies de commerce. Ce qui fut un coup dur pour l'économie du Ghana dont le commerce transsaharien jouait un rôle de premier plan à travers les différents échanges.

L'empereur du Ghana appela sa population à la mobilisation générale et à la rescousse en demandant aux combattants de ne pas céder. Cet appel permit de reprendre la ville de

Koumbi Saleh quelques années plus tard en 1087. Mais avec les onze années d'occupation, la déstructuration et la désorganisation économique et politique avaient laissé l'empire dans un état piteux et très vulnérable.

Vers la fin du 11e siècle, le Ghana ne se remet pas et reste très affaibli. L'empire commence à se désorganiser, certaines provinces et certains royaumes ne se sentant plus à l'aise dans cette "fédération", cherchèrent à la quitter et se mirent à se révolter. C'est alors le début d'un lent déclin et un démembrement inévitable. Les populations du Nord de l'empire converties par les Almoravides acceptent le pouvoir musulman et l'hégémonie des nouveaux venus, alors que les populations du sud quant à elles préférant garder les religions ancestrales africaines, entament une migration encore plus vers le sud notamment dans les forêts où les combattants almoravides ne peuvent pas accéder parce que leurs chevaux pourraient être tués par les piqûres de la mouche Tsé-tsé. Ce sont les actuelles populations des régions sud de la Côte d'Ivoire, du Sénégal, de la République du Ghana ou encore du Bénin. D'autres se dirigent vers l'Est et tentent de se reconstruire. Ces départs massifs vident et portent un coup dur à l'empire du Ghana. L'armée ne croit plus en elle. Devenant de plus en plus languissante, l'armée du Ghana n'attire plus de nouvelles recrues.

C'est dans ce contexte qu'émergent de petits royaumes ou de petites entités politiques autour des clans dans les parties Sud et Est de l'empire du Ghana à savoir les royaumes du Mali, du Diarra, du Sosso, etc. À cela s'ajoute le fait que certains États noirs, déjà islamisés comme le Tekrour (sur les deux rives de la moyenne vallée du fleuve Sénégal), se rallient aux Almoravides et deviennent ainsi un adversaire du Ghana. Wardjabi, le roi du Tekrour, converti à l'islam, avait pris une part active à la guerre sainte déclenchée par les Almoravides ; son fils, Labi ou Laba, continua cette politique d'alliance avec les Almoravides et combattit avec eux les Godalas en 1056. (Niane, 1980, p. 145).

Tout comme le Tekrour, les différents États vassaux du Ghana firent parfois la guerre dans l'objectif de reprendre les routes de commerce, contrôler l'économie (commerce, élevage, agriculture, mines, etc.). C'est ainsi qu'un de ces royaumes vassaux en l'occurrence le Sosso du célèbre roi Soumahoro Kanté réussit à s'emparer définitivement de la capitale Koumbi Saleh et à mettre fin au long règne du Ghana. L'empire du Ghana qui a entamé son terrible déclin à partir du 11e siècle, passa successivement sous domination almoravide, puis sous la tutelle de Sosso, et enfin sous celle de l'empire du Mali.

Toutefois, le Ghana reste encore dans la mémoire collective des Africains comme ayant été le premier "État fédéral" noir de l'époque médiévale. Non seulement les écrits, la tradition orale, les recherches archéologiques en témoignent mais aussi des chansons sont dédiées encore aujourd'hui à cet ancien empire[18].

CONCLUSION

Le Ghana fut le premier empire médiéval ouest-africain fondé par des Africains noirs (les Soninkés) qui vivent encore dans la même aire géographique. Toutes les sources (arabes, orales ou archéologiques) sont unanimes sur le fait que le Ghana était très riche en or, ce qui lui a valu l'appellation de "pays de l'or" par les Arabes. Par ailleurs, le commerce transsaharien était actif et florissant pendant plusieurs siècles entre le Ghana et les États du Maghreb avant que les Almoravides ne prennent le dessus sur le Ghana. Ce dernier apporte aussi un cinglant démenti à ceux et celles qui pensent qu'il n'y avait aucune organisation politique viable en Afrique avant l'arrivée des conquérants arabes ou des impérialistes européens.

La longue et remarquable histoire de l'empire du Ghana doit donc être revisité. Elle mérite d'être véritablement connue par les populations africaines contemporaines et surtout enseignée aux jeunes générations d'Africains afin qu'ils réalisent que ce qui les unit est de loin plus fort et plus ancien que ce qui les désunit.

SOURCES

Bathily, Y., *Rois et peuples de l'empire du Ghana: VIe-XIIe siècles*, Bamako, CARPE DIEM, 2018.

Courrier de l'UNESCO, Juin, 1974.

Delafosse, M., *Haut-Sénégal-Niger (Soudan français)*, tome II, l'Histoire, Paris, 1912.

Diagana, M..,*La légende du Wagadu, vue par Sia Yatabaré*, Éd Lansman, the University of Virginia, 1994.

Gomgnimbou, M., Gayibor, N. L. et Juhé-Beaulaton, D., *L'écriture de l'histoire en Afrique: l'oralité toujours en question*, Paris Karthala, 2006.

Herskovits, M. J., «Cattle Complex in East Africa», *Dictionary of the Social Sciences*, Oxford, 1926.

Histoire Générale de l'Afrique, vol 3, chapitre 14. 365 « Les Almoravides », chapitre 15 *Commerce et routes en Afrique occidentales* p. 397, 1990.

N'Diaye, T. *Mémoire d'errance*, chap. « Empire du Ghana », Ed A3, Paris, 1998.

OuldKhattar, M., "Les sites Gangara, la fin de la culture de

Tichitt et l'origine de Ghana", *Journal des Africanistes, Persée*, Année 1995 65-2 pp. 31-41.

Solet, B., *Les chemins de Yelimané*, Paris, Éd Hachette 1995.

Sylla, D. et Dieterlen, G., *L'Empire de Ghana*, Paris, Karthala 1992.

TABLE DES MATIÈRES

RESUME

L'Empire du Ghana est l'une des premières formations politiques connues en Afrique de l'Ouest. Surnommé le « pays de l'or », le Ghana avait acquis un rôle prééminent dans l'espace du sahel et de la savane en Afrique occidentale. Ce livre retrace l'histoire glorieuse de ce brillant empire médiéval africain notamment ses origines, son expansion de royaume (Wagadu) à un vaste empire (Ghana), son économie prospère, son unité politique, sa cohésion sociale, son aire culturelle et surtout les relations économiques et commerciales avec l'Orient musulman et l'Europe méditerranéenne.

Titulaire d'un Doctorat en histoire à l'université Paris 7 en France (spécialisation histoire coloniale de l'Afrique), d'une Maîtrise en science politique à l'université Paris I Panthéon La Sorbonne (spécialisation politique africaine) et d'un Baccalauréat en enseignement à l'université Laurentienne à Sudbury en Ontario, Amadou Ba vit au Canada où il enseigne l'histoire de l'Afrique à Nipissing University (North Bay Ontario). Il donne aussi des cours à la Faculté des sciences de l'éducation et au département de science politique à l'Université Laurentienne (Sudbury). Amadou Ba est auteur de plusieurs livres dont: *L'Afrique des Grands Empires (7e-17e siècles) 1000 ans de prospérité économique, d'unité politique, de cohésion sociale et de rayonnement culturel*, ou encore *L'histoire oubliée de la contribution des esclaves et soldats noirs à l'édification du Canada (1604-1945)*.

NOTES

INTRODUCTION

1. Des fouilles archéologiques au Sahel ont révélé que les Mandés qui y vivaient s'étaient organisés en petites colonies vers 1000 avant notre ère. Vers 600 avant notre ère il y avait de grands villages et de 400 à 900 après J.-C des centres urbains sont apparus dans plusieurs régions du Sahel. L'un d'eux était maintenant un endroit appelé Koumbi Saleh, qui, selon certains archéologues, était la capitale de l'empire du Ghana.
2. Voir à ce sujet l'incontournable livre de Germaine Dieterlen et Diarra Sylla, *L'Empire de Ghana. Le Wagadu et les traditions de Yerere*, publié aux éditions Karthala en 1992.
3. Le terme Wagadou signifie « ville des troupeaux » ou selon une autre hypothèse « Terre des Wagué ». Le suffixe « dou » est un terme des langues du Mandé (dont le soninké fait partie) qui signifie « ville » / « territoire » et que l'on retrouve dans nombre de lieux d'Afrique de l'Ouest (telle la capitale du Burkina Faso, Ouagadougou ou encore Kédégou dans l'est du Sénégal) sans oublier le Bélédougou dans l'actuel Mali. Le mot waga peut signifier « troupeau » ou faire référence au clan des Wagué (familles régnantes).
4. Ce terme vient du soninké *nwana* (qui se prononce ŋana ou ghana en soninké). Il signifie « héros » / « grand guerrier ».
5. Kwame Nkrumah, né le 21 septembre 1909 à Nkroful (alors Côte-de-l'Or (colonie britannique) est mort le 27 avril 1972. C'est un grand homme d'État, indépendantiste et panafricaniste qui dirigea le Ghana postcolonial, d'abord comme Premier ministre de 1957 à 1960, puis en qualité de président de la République de 1960 à 1966.
6. La civilisation dite arabo-musulmane a concerné, depuis la naissance de cette religion nouvelle que fut l'islam au 7e siècle de notre ère jusqu'au 15e siècle, plusieurs pays, de l'Orient lointain à l'Occident proche, de la Chine à l'Andalus, jusqu'à l'expulsion des musulmans ainsi que celle des juifs à partir de l'année 1492 ; et, nombreux furent et sont encore les pays qui eurent pour cadre de vie juridique, esthétique, politique, religieux, l'arabe comme langue et non comme ethnie, l'islam comme religion dominante – de domination sans exclusion principielle des autres langues, cultures, religions, par exemple juive, chrétienne, araméenne, égyptienne, grecque, latine, berbère... auxquelles la civilisation arabo-musulmane, assurément, doit beaucoup en science, littérature, esthétique, philosophie,

médecine, mathématique, astronomie, traduction et transmissions des œuvres...

LES SOURCES ARCHÉOLOGIQUES SUR L'EMPIRE DU GHANA

1. Pour approfondir sur cet élément je vous renvoie à l'article de Mohamed Ould Khattar, "Les sites Gangara, la fin de la culture de Tichitt et l'origine de Ghana", *Journal des Africanistes, Persée*, Année 1995 65-2 pp. 31-41.
2. Al-Andalus est le terme qui servait à désigner l'ensemble des territoires de la péninsule Ibérique et certains du Sud de la France qui furent, à un moment ou un autre, sous domination musulmane entre 711 et 1492 (en tout 781 années). L'Andalousie actuelle, qui en tire son nom, n'en constitua longtemps qu'une petite partie.
3. C'est un manuscrit en arabe dont l'auteur est Abderrahmane Es Saadi vers 1650. Il traite des grands empires d'Afrique occidentale. Il est l'un des deux ouvrages de référence sur l'histoire de l'Afrique occidentale avec le *Tarikh el-Fettach*.
4. Abou Abdallah Muhammad ibn Ibrahim al-Fazari (mort en 796 ou en 806 est un astronome musulman, auteur d'une traduction en arabe de l'ouvrage indien d'astronomie Brahmasphutasiddhanta. Al-Mas'udi quant à lui est né à Bagdad en Irak à la fin du 9e siècle et est mort à Fostat en 956. C'est un encyclopédiste et polygraphe arabe, à l'apogée de l'islam classique. Ses *Muruj adh-dhahab wa-ma'ādin al-jawhar*, ou *Prairies d'or et mines de pierres précieuses*, resteront jusqu'au milieu du 15e siècle le manuel de référence des géographes et des historiens de langue arabe ou persane.
5. « The Cambridge History of Africa » Volume 2 : From c.500 BC to AD 1050, p. 651 », publié le 10 mai 2013 et disponible sur ce lien:
6. Abu Ubayd Abd Allah ibn Abd al-Aziz ibn Muḥammad al-Bakri ou Abu Ubayd al-Bakri, géographe et historien de l'Hispanie musulmane (Al-Andalus), est né en 1014 à Huelva. Fils de l'émir de la Taïfa de Huelva et Saltes, al-Bakri a passé la majeure partie de sa vie à Cordoue où il est décédé en 1094.
7. Ahmad ibn Abu Ya'qub ibn Ja'far ibn Wahb Ibn Wadih al-Ya'qubi (? – 897), connu sous le nom de al-Yaqubi, est un historien et géographe arabe, auteur d'une *Histoire du Monde*, Ta'rikh ibn Wadih (Chronique d'Ibn Wadih), et d'une géographie générale, Kitab al-buldan (*Livre des Pays*) qui contient en particulier des descriptions de Bagdad et Samarra. Il était un petit-fils de Wadih, affranchi du calife al-Mansur. Il vit en Arménie et au Khorasan, jusqu'en 873 sous le patronage de la dynastie iranienne des Tahirides, dont il écrit l'histoire. Après la chute des Tahirides il voyage de l'Inde au Maghreb puis meurt en Égypte et dans sans doute l'ouest-africain. En tout cas, il parle de Ghana comme empire.

8. Les peuples mandingue et malinké, deux branches occidentales du Mandé, sont à l'origine de la fondation des plus grands empires d'Afrique de l'Ouest. Parmi les nombreux groupes de Mandé, on compte les Soninkés, les Soussous, les Bambaras et les Dioulas et les Samos. Les groupes les moins nombreux comprennent les Ligbis, les Vaïs et les Bisas.
9. Voir à ce sujet, l'étude intitulée, *Quelques livres d'anthropologues sur les Soninké*, parue dans la Revue française de sociologie en 1978 19-2 pp. 295-298; ou encore le livre De Germaine Dieterlen, Mamadou Soumaré, *L'Empire de Ghana: le Wagadou et les traditions de Yéréré*.
10. « Aire de la vache » est la traduction correcte en français de l'expression « cattle complex » qui, à la suite de cet article d'Herskovits, a fait fortune dans la littérature sur les sociétés pastorales.
11. Je reviendrai sur l'importance du commerce au Ghana quand je parlerai des échanges avec les Arabo musulmans. J'analyserai aussi l'importance de l'artisanat à travers la maîtrise du fer quand je traiterai de la question militaire dans l'empire du Ghana.
12. La civilisation égyptienne sur les bords du Nil, les civilisations araboperses sur les bords du Tigre et l'Euphrate, les civilisations européennes sur les bords de la Seine, du Pô ou de la Tamise et même sur les bords du Saint Laurent les grandes villes du Canada (Québec, Rimouski, Montréal, Trois-Rivières, etc.) si on veut faire un lien avec ce qui s'est passé ici dans notre pays de résidence.
13. "Les réseaux transsahariens de la traite de l'or et des esclaves au haut Moyen Âge: VIIIe-XIe siècle" dans la revue *L'Année du Maghreb*, VII, 2011, Dossier : *Sahara en mouvement*, Dossier de recherche : Sahara en mouvement Le Sahara dans l'histoire.
14. https://www.passeportsante.net/fr/Actualites/Dossiers/DossierComplexe.aspx?doc=sel-poison-le-sel-un-nutriment-trop-utile
15. Selon l'ethnologue Amadou Hampaté Ba, les Dioulas sont des commerçants ambulants présent dans toute l'Afrique occidentale, correspondant à l'ancienne aire d'influence manden. Ce sont des Bambaras, Mandés, Malinkés.
16. Les Wangaras ont une origine lointaine qui remonte au royaume de Soninkés du Wagadu. Là, ils étaient nommés Wakoré et avaient obtenu apparemment du roi le privilège de faire le commerce de la poudre d'or. Selon l'historien guinéen Djibril Tamsir Niane, le mot Wangara (« Ouangara ») sert à désigner, chez les Foulbés et les Hawsas (Haoussas), les Mandens (« Mandingues »). Wangaras et Wakores ont la même origine, quoique Wakore s'applique plus spécialement aux Soninkés (« Sarakollés »). Dans la forêt ivoirienne, les Mandens sont désignés par le terme maninka jula (« Dioula »), qui signifie commerçant. Wangara et Dioula sont synonymes : ils désignent plus spécialement les Mandens qui s'adonnent au négoce.
17. Ces informations sont tirées du livre *L'empire de Ghana. Le Wagadou et les traditions de Yéréré*, reprises dans le site Soninkaxu http://www.soninkaxu.com/organisempireghana.html

18. Le groupe sénégalais Touré Kounda réserve encore au Wagadu une place importante dans leur répertoire comme ici dans une de leur célèbre chanson *Soninko*: https://www.youtube.com/watch?v=F3a6b8B-g6U

www.ingramcontent.com/pod-product-compliance
Lightning Source LLC
Chambersburg PA
CBHW060220050426
42446CB00013B/3122